Heike Schwandt

Weihnachtskrimis

Zeichnungen von Wilfried Gebhard

www.leseleiter.de

FSC

Mix
Produktgruppe aus vorbildlich
bewirtschafteten Wäldern und
anderen kontrollierten Herkünften
Zert.-Nr. IC-COC-100059
www.fsc.org
© 1996 Forest Stewardship Council

ISBN 978-3-7855-6890-3
1. Auflage 2010
© 2010 Loewe Verlag GmbH, Bindlach
Umschlagillustration: Wilfried Gebhard
Reihenlogo: Angelika Stubner
Printed in Germany (017)

www.loewe-verlag.de

Inhalt

Keksräubern auf der Spur 9

Ein Schal für die Madonna 17

Ein unvergessliches Weihnachtsfest . . . 26

Ein diebischer Bote 36

Die zerschossenen Kugeln 44

Das gestohlene Geschenk 50

Keksräubern auf der Spur

Davids Mutter war wütend.

„David", schimpfte sie, „du solltest doch fragen, bevor du dir von den Weihnachtskeksen aus der Vorratskammer nimmst!"

„Aber ich habe gar keine Kekse gegessen", verteidigte sich David.

„Na, dann komm mal mit", sagte seine Mutter, nahm ihn an der Schulter und schob ihn vor sich her bis in die Küche. Sie öffnete die Tür zu der kleinen Kammer, in der auf Regalen Konservendosen, Marmeladengläser und andere Vorräte lagerten. Sie zeigte auf eine große blaue Metalldose mit hellgelben Sternen und roten Äpfeln darauf. Der Deckel der Dose lag auf dem Boden. Die Keksdose war fast leer, bis auf ein paar Krümel.

„Den ganzen Tag habe ich gestern in der Küche gestanden und Weihnachtskekse gebacken. Jetzt können wir Oma nur noch gekaufte Lebkuchen zum Kaffee anbieten."

„Aber ich war es nicht, wirklich, Mama",
beteuerte David.

Er war selbst enttäuscht, denn er hatte
sich schon auf die leckeren Butter-
plätzchen und die Zimtsterne gefreut.

Gestern durfte er nämlich nur von jeder
Sorte einen einzigen Keks probieren. Da
war Mama immer streng.

Ein paar Tage später war der Christstollen für die Weihnachtsfeier im Sport-
verein verschwunden. Davids Mutter hatte
ihn zum Auskühlen ins Regal gestellt, aber
nicht eine einzige Rosine lag mehr auf dem
Teller.

Dieses Mal glaubte Mama, dass David nichts damit zu tun hatte. Denn er mochte keinen Christstollen.

„Wie kann denn ein ganzer Stollen verschwinden?", fragte Mama verwundert.

David überlegte. Hier konnte nur ein Dieb am Werk sein. Aber wie war er in die Vorratskammer gelangt? Von der Küche aus? Nein, das hätte Mama bemerkt. Durch das Fenster? Viel zu klein, da passte ja nicht mal die kleine Schwester von seinem Freund Ole durch. David sah sich um.

Wie bei den Keksen hatte der Dieb auch dieses Mal nur ein paar Krümel übrig gelassen. Wie ein Spürhund folgte David der Krümelspur vom Teller, das Regalbrett entlang bis zum gekippten Fenster. Direkt unterhalb des Fensterspalts entdeckte er ein paar Körnchen eines weißen Pulvers. Er stippte den Finger hinein und leckte daran.

„Mhh, Puderzucker! Der Christstollen war mit Puderzucker bestreut. Kombiniere: Der Dieb ist durch das Fenster gekommen", sagte David zu sich selbst.

Aber wer konnte sich durch solch einen schmalen Spalt zwängen und dann auch noch so viel fressen? Mäuse hätten den Christstollen höchstens anknabbern, aber niemals aufessen können.

Also beschloss David, den Dieb zu überlisten, um ihm auf die Schliche zu kommen. An diesem Abend legte er zwei Tafeln Schokolade ins Regal und ein paar Butterkekse daneben. Dann verteilte er eine dünne Schicht Mehl auf dem Regal und dem Fensterbrett.

Am nächsten Morgen waren die Kekse und eine Tafel Schokolade verschwunden, aber Davids Plan war aufgegangen. Deutlich hatte der Dieb in dem Mehl Fußspuren hinterlassen: lange, schmale Pfotenabdrücke.

„Ein bisschen sehen sie wie riesengroße Mäusefüße aus", meinte David, als er seiner Mutter die Spuren zeigte.

Sie holten ihren Nachbarn Herrn Krüger. Der war Jäger und kannte sich mit Tierspuren hervorragend aus. Er lachte, als er die Abdrücke im Mehl sah.

„Gratuliere, David, du bist ja ein richtiger Detektiv. Ihr hattet Besuch von einem Waschbären. Die lieben Süßigkeiten und wenn sie etwas zu naschen riechen, drängen sie sich durch jede Ritze."

Abends brachte Herr Krüger eine große Käfigfalle vorbei, die sie in der Vorrats-kammer aufstellten. Sie legten Rosinen und frische Apfelstücke hinein, um den Waschbären anzulocken.

Nachts konnte David kaum schlafen und er sprang lange vor dem Weckerklingeln aus dem Bett, um in die Küche zu laufen.

Tatsächlich: Als er die Tür zur Kammer öffnete, schaute ihn ein fauchender Waschbär durch die Gitterstäbe an.

„Und was machen Sie nun mit ihm?", fragte David, als Herr Krüger den kleinen Waschbären abholte.

„Keine Sorge, er kommt in den Wildpark. Und er freut sich bestimmt, wenn du ihm ein paar Weihnachtskekse vorbeibringst."

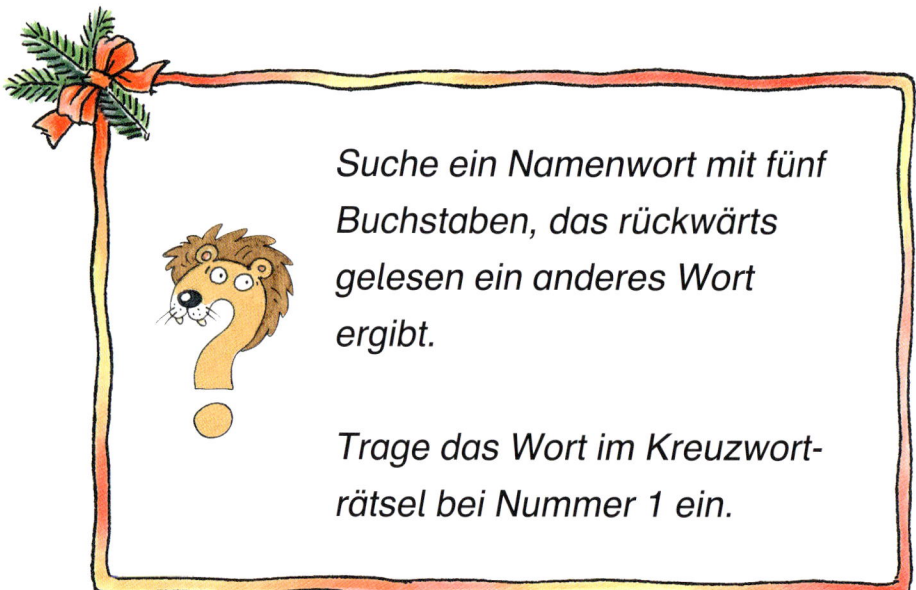

Suche ein Namenwort mit fünf Buchstaben, das rückwärts gelesen ein anderes Wort ergibt.

Trage das Wort im Kreuzwort- rätsel bei Nummer 1 ein.

Ein Schal für die Madonna

Sophia hatte es sich auf der Kirchenbank gemütlich gemacht. Sie saß ganz oben auf der Empore, neben der Orgel. Ihre Jacke benutzte sie als Kissen. Manchmal verpasste sie nach der Schule den Bus. Dann ging sie in die Kirche neben der Haltestelle, um zu lesen. Hier war es ruhig und im Winter schön warm. Außerdem hatte sie ihre Ruhe vor ihrem kleinen Bruder. Der nervte gerade alle, weil er sich ein teures Fahrrad wünschte.

Seit letzter Woche stand auch endlich die große Krippe neben dem Altar, die Sophia so liebte. Wenn sie hereinkam, ging sie immer zuerst zum Altarraum hinauf und betrachtete den aus Holz gezimmerten Stall, Maria, Josef, das Jesuskind auf seinem Strohbettchen, die Engel, Hirten, Schafe, Ochs und Esel und all die anderen Figuren. Sie waren schon sehr alt, hand-bemalt und sie trugen Kleider aus Leinen, Samt und Wolle, die schon etwas brüchig waren.

Sophia war so vertieft in ihre Krimi-
geschichte, dass sie nicht hörte, wie die
schwere Kirchentür geöffnet wurde. Sie
merkte auch nicht, dass ein Mann im
Mittelgang stehen blieb und sich umsah,
als würde er etwas suchen.

Sophia zuckte erst erschrocken
zusammen, als unten im Kirchenschiff
etwas zu Boden fiel. Sie lugte hinunter.
Der Mann beugte sich über die Krippe und
ließ rasch eine der Figuren in einer großen
Reisetasche verschwinden.

„Ein Dieb!", fuhr es Sophia durch den Kopf. „Er klaut die Krippenfiguren!" Verzweifelt sah sich Sophia um. Außer ihr und dem Dieb war niemand in der Kirche. Wie konnte sie den Mann aufhalten, ohne dass er sie bemerkte? Ein Handy besaß sie nicht. Hinausschleichen und Hilfe holen dauerte zu lange.

„Los, Sophia, lass dir was einfallen!", spornte sie sich an. Was hätten die Helden aus ihrem Buch gemacht? Den Dieb abgelenkt, umgerannt, gefesselt und die Polizei gerufen. Aber sie war allein. Außerdem klappte so etwas nur in Büchern oder Filmen.

Sophia sah nach unten. Da hatte sie eine Idee: Sie erinnerte sich an die Führung durch die Kirche mit ihrer Schulklasse. Hatte der Pfarrer nicht etwas davon erzählt, dass die geschnitzte Madonnenfigur in einer Nische an der Seitenwand ungeheuer wertvoll sei?

„Nein, habe ich nicht", hatte der Pfarrer

damals auf ihre Frage geantwortet, ob er denn keine Angst habe, dass die Figur gestohlen werden könnte.

„Die Madonna ist gut gesichert. Die Alarmanlage geht an, sobald man die Figur nur mit dem Finger antippt."

Sophia schnappte sich ihre Mütze und ihren Schal und schlich die Treppe hinunter. Der Mann bei der Krippe griff gerade nach dem heiligen Josef, als Sophia unten ankam. Er durfte sie auf keinen Fall sehen. Etwas weiter von Sophia entfernt stand die Madonna. Sie holte tief Luft und warf die Mütze nach der Figur. Vorbei! Sie knotete den Schal zu einem dicken Knäuel zusammen, schloss die Augen und betete: „Bitte, bitte, lieber Gott, mach, dass ich jetzt treffe."

Sophia zielte, warf den Schal mit aller Kraft und traf die Madonna mitten ins Gesicht. Sofort ertönte laut eine Sirene, Scheinwerfer gingen an und tauchten die Kirche in grelles Licht. Automatisch schnappten an allen Türen die Schlösser ein. Der Dieb war gefangen, aber Sophia auch! Schnell duckte sie sich hinter eine der dicken Steinsäulen und wartete.

Schon nach wenigen Augenblicken hörte sie draußen Polizeiautos vorfahren.

Polizisten stürmten in die Kirche und
nahmen den Räuber fest. Auch der Pfarrer
war in die Kirche gelaufen und fand Sophia
hinter der Säule. Er sah von Sophia auf die
Madonna und den verknoteten Schal.

„Warst du das?", fragte er sie. „Das war
sehr mutig von dir. Ohne dich wäre unsere
wertvolle alte Krippe nicht mehr da."

„Und nicht nur die", hörte Sophia eine
Stimme hinter sich.

Sie drehte sich um. Einer der Polizisten
klopfte ihr auf die Schulter.

„Den Kerl haben wir schon lange gesucht. Er hat schon viele wertvolle Sachen in Kirchen gestohlen. Und du hast dir mit deinem Mut 500 Euro Belohnung verdient. Wenn das kein tolles Weihnachtsgeschenk ist!"

„Stimmt", sagte Sophia lachend. „Und ich weiß auch schon, wer noch ein tolles Geschenk bekommt …"

Ein unvergessliches Weihnachtsfest

Tommy hatte sich seit Wochen auf das
Weihnachtsfest in den Bergen gefreut und
jetzt lag er mit Schnupfen im Bett. Vor der
Hütte türmte sich der Schnee meterhoch.
Nur auf dem steilen Fahrweg war der
Schnee plattgedrückt. Herr Landertinger
hatte Tommy und seine Familie gestern
mit seiner Pistenraupe heraufgefahren.
Solange Tommy zurückdenken konnte,
verbrachten sie die Ferien hier oben auf der
kleinen Almhütte von den Landertingers.

Tommy hörte, wie sich Papa und seine kleine Schwester Sandra unten in der Wohnstube unterhielten. Das Rohr des Holzofens, der auch die Schlafzimmer unter dem Dach beheizte, wirkte wie ein Haustelefon.

Die beiden schmückten gerade den Weihnachtsbaum.

„Gehen wir morgen Ski fahren?", hörte er Sandra fragen.

„Klar, aber die Skier und die Schlitten sind noch unten im Dorf", antwortete Papa. „Die müssen wir erst aus dem Auto holen."

„Wir wollten doch sowieso noch einkaufen", rief Tommys Mutter, die in der kleinen Küche das Abendessen vorbereitete. „Frau Landertinger hat mir für Heiligabend eine Ente versprochen. Da brauchen wir natürlich Kartoffeln, Rotkohl und Orangen dazu."

„Ente!", jubelte Sandra. „Ich will ein Stück Keule und ..." Sie verstummte.

Tommy hörte, wie eine Tür zuschlug, dann dröhnte eine unbekannte Männerstimme: „Keinen Mucks, dann passiert niemandem etwas."

Tommy erstarrte. Wer war das?

„Los, in die Ecke dahinten!", befahl
der Unbekannte.

So leise er konnte, stieg Tommy aus
dem Bett und schlich zu dem Loch im
Dielenboden, durch das man in die Stube
sehen konnte. Er zuckte zurück: Genau
unter ihm stand ein Mann in einer dicken
Jacke und brüllte herum. Erst verlangte er
Geld, dann auch noch die Autoschlüssel.
Es rumpelte, Schritte polterten, dann hörte
Tommy seine Mutter rufen: „Hören Sie, das
können Sie doch nicht machen!"

Tommy hielt den Atem an. Er hörte eine Tür zuschlagen. Kurz darauf eine zweite Tür. Tommy wagte kaum sich zu bewegen, bis er sicher war, dass der Mann nicht mehr in der Nähe war. Vorsichtig lief er ins Erdgeschoss. Da war niemand.

„Wo seid ihr denn?", rief er leise.

„Hier im Stall", hörte er dumpf seine Eltern antworten.

Tommy hämmerte gegen die schwere Holztür an der Rückseite der Küche. Sie war abgeschlossen und der Schlüssel hing nicht mehr am Haken.

Seine Eltern und Sandra waren gefangen, denn als Herr Landertinger die Hütte für Feriengäste umgebaut hatte, hatte er die Tür nach draußen zugemauert. Das einzige Fenster war vergittert, der Stall diente nur noch als Lager.

Tommy rüttelte an der Tür.

„Das schaffst du nicht!", hörte er seinen Vater rufen. „Hol Hilfe. Schau mal, ob du das Handy findest."

Tommy sah sich um. Das Handy konnte
er vergessen. Es lag zerquetscht am
Boden, der Mann musste darauf
herumgetrampelt sein. Wie sollte er jetzt
Hilfe holen? Die Feuerwerkskörper, die
Papa für Silvester gekauft hatte, lagen
noch im Auto. Den Fahrweg hinunter-
zulaufen war zu gefährlich. Hier könnte er
den Mann treffen. Nein, er musste durch
den Schnee den Hang hinab. Den Weg
kannte er gut, er ging ihn im Sommer oft,
um bei Landertingers Milch zu holen. Aber
jetzt bräuchte er Schneeschuhe, um nicht
einzusinken. Tommy überlegte fieberhaft.

Wie ein Blitz schoss eine Idee durch seinen Kopf: Auf dem Kleiderschrank lagen doch immer ein paar Tennisschläger.

Er rannte die Treppe hoch in die Dachkammer. Tatsächlich, sie waren noch da! Er schnappte sich die Schläger und lief in die Küche. Mit dem Brotmesser säbelte er so lange an den Stielen herum, bis er sie abbrechen konnte. Schnell zog er sich an und band die selbstgebastelten Schneeschuhe mit Schnüren an seinen Schuhen fest.

„Ich gehe zu Landertingers und hole Hilfe!", rief Tommy im Hinauslaufen.

„Es klappt!", jubelte er nach den ersten vorsichtigen Schritten.

Schneller als erwartet, kam er auf dem Bauernhof an. Es brannte kein Licht.

„Hilfe, Herr Landertinger!", schrie Tommy und hämmerte gegen die Eingangstür.

Ein verschlafener Herr Landertinger öffnete verwundert die Tür. Dann ging alles ganz flott: Frau Landertinger alarmierte die Polizei, Herr Landertinger fuhr mit Tommy auf der Pistenraupe zur Hütte zurück und befreite Tommys Familie. In der Zwischenzeit hatte die Polizei den Mann, der aus dem Gefängnis ausgebrochen war, bereits gefunden und festgenommen.

Tommy war der Held dieses Weihnachtsfestes und trotz seiner tropfenden Nase strahlte er mit den Kerzen um die Wette.

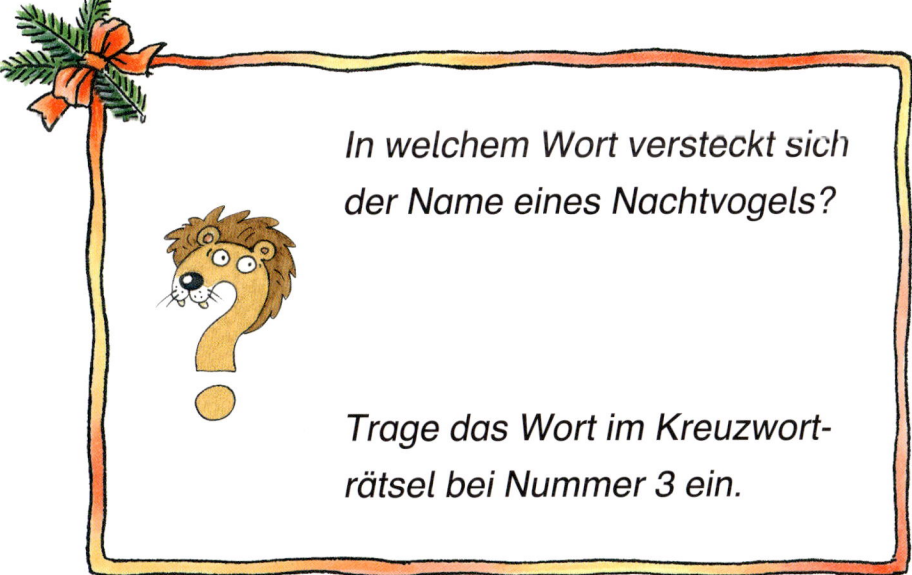

In welchem Wort versteckt sich der Name eines Nachtvogels?

Trage das Wort im Kreuzworträtsel bei Nummer 3 ein.

Ein diebischer Bote

Auf dem Weihnachtsmarkt herrschte dichtes Gedränge. Die Menschen schoben sich durch die von Lichterketten hell erleuchteten Gassen zwischen den Holzbuden. Es duftete nach Punsch, Bratwürsten und gebrannten Mandeln. An jeder Ecke dudelte ein anderes Weihnachtslied. Michi, Paul und Lukas zwängten sich durch das Gewühl. Dahinten lockte der Süßwarenstand.

Michi wollte sich Zuckerwatte, Paul einen
Schokoapfel und Lukas eine Tüte saure
Gummi-Kraken kaufen. Plötzlich ging es
nicht mehr weiter.

„Was ist da los?", rief Paul und spähte
über die Köpfe seiner Freunde hinweg.

„Ich weiß nicht", antwortete Lukas. „Aber
ich glaube, da vorne ist die Bühne."

Genau in diesem Moment tönte aus
großen Lautsprechern ein Kinderchor,
der „Oh Tannenbaum" sang.

„Kommt, wir gehen andersrum",
meinte Paul.

Als er sich umdrehte, sah er, wie ein junger Mann einer Frau von hinten in die Handtasche griff.

„Mensch, da ist ein Dieb", zischte er Michi zu.

Blitzschnell war der Mann in der Menschenmenge verschwunden. Doch die Frau schien etwas bemerkt zu haben. Sie begann in ihrer Tasche zu wühlen, schaute sich erschrocken um und rief: „Mein Geldbeutel ist weg!"

Noch bevor die drei Freunde reagieren konnten, war sie aufgeregt davongelaufen.

„Hast du das gesehen?" – „Der hat ihren Geldbeutel geklaut!", redeten die Jungs wild durcheinander.

„Wir müssen zur Polizei", fand Michi.

„Gut", nickte Lukas, „aber erst hol ich mir meine Kraken."

Sie versuchten, auf einem anderen Weg zu dem Süßwarenstand zu gelangen, da sahen sie plötzlich den jungen Mann wieder. Sie erkannten ihn sofort an seiner gestrickten Wollmütze. Er drängte sich im Gewühl an eine ältere Frau heran, griff blitzschnell in ihre Einkaufstasche, zog etwas heraus und ging schnell weg. Dabei rempelte er einen kleinen Jungen an, der fast die gleiche Wollmütze trug.

„Halt!", rief ein Mann, der direkt daneben stand. Er hielt den jungen Mann am Arm fest. „Hol mal jemand die Polizei, wir haben hier einen Taschendieb. Und Sie, gute Frau, schauen Sie doch mal nach, ob etwas fehlt."

„Ach Gott, mein Geld ist weg!", rief die Frau erschrocken.

Die Polizisten waren schnell da, denn alle Leute machten ihnen sofort den Weg frei. Sie forderten den jungen Mann auf, ihnen seinen Ausweis zu zeigen. Der Mann schien gar keine Angst zu haben.

„Ich weiß gar nicht, was das soll. Ich habe nichts gestohlen. Sie können mich durchsuchen", forderte er die Beamten auf und leerte zum Beweis seine Taschen aus.

„Tut mir leid", sagte der Beamte zu dem jungen Mann, „das war bestimmt eine Verwechslung. Aber Sie", wandte er sich an die ältere Frau, „müssen mit uns kommen und eine Anzeige machen."

Paul stieß Michi in die Rippen.

„Mensch, der Junge vorhin! Das ist sein Helfer. Der Mann hat ihm bestimmt den Geldbeutel zugesteckt."

Er schob Michi in Richtung der Polizisten.

„Los, du erzählst denen das mit dem Jungen und wir gehen ihn suchen. Wir treffen uns am Denkmal."

Als Paul und Lukas dort eintrafen, wartete dort nicht nur Michi, sondern auch ein Streifenwagen mit den Polizisten und dem Taschendieb auf der Rückbank. Der machte ein finsteres Gesicht.

„Na, ihr beiden, habt ihr einen Beweis? Sonst müssen wir den Mann freilassen", empfing sie einer der Beamten.

„Wir haben den Jungen gesehen", sprudelte Paul hervor. „Er ist in Richtung Busbahnhof gegangen und trägt einen blauen Rucksack!"

„Na, dann los!", rief der Polizist.

Kurz vor dem Busbahnhof holten sie den Jungen ein. Zögernd öffnete er den Rucksack. Paul kugelten fast die Augen aus dem Kopf, als er darin die vielen Geldbörsen sah.

„Vielen Dank für eure Hilfe. Ihr habt gut beobachtet", lobte der Beamte.

Stolz grinsten sich die drei Freunde an. Und dann sausten sie endlich los zum Süßwarenstand.

Finde ein anderes Wort für „Polizeiauto". Wie viele Buchstaben hat das Wort?

Trage die Anzahl im Kreuzworträtsel bei Nummer 4 ein.

Die zerschossenen Kugeln

„Also, so was", schimpfte Herr König, als er beim Frühstücken die Zeitung las.

„Was ist mit dir los, warum regst du dich so auf?", fragte Frau König.

„Alle Kugeln am Weihnachtsbaum vor dem Rathaus wurden zerstört."

„Wie das denn?", wunderte sich Frau König. „Ich meine, der Baum ist doch riesengroß, mehr als zehn Meter hoch."

„Was weiß ich schon?" Herr König schmetterte die Zeitung neben sein Honigbrötchen. „Die Polizei hat zuerst vermutet, dass jemand mit einem Luft- gewehr auf die Kugeln geschossen hat, aber niemand hat etwas gehört."

Herr König sah warnend zu seinem Sohn Timo hinüber: „Wenn du jemals auf so dumme Gedanken kommst, mein Freund, dann kannst du dich jetzt schon mal warm anziehen. So eine Frechheit!"

Timo zog den Kopf ein. Papa konnte manchmal richtig böse werden. Dabei würde Timo so etwas nie machen. Er fand es doof, wenn jemand etwas mit Absicht kaputt machte.

Am Nachmittag kam Opa Hans mit seinem Dackel Bubi vorbei und holte Timo zu einem Spaziergang in den Stadtpark ab.

Als sie an dem Weihnachtsbaum mit den zerbrochenen Kugeln vorbeikamen, berichtete Timo, was am Morgen in der Zeitung gestanden hatte.

„Opa, wie kann man denn Kugeln kaputt machen, die so hoch hängen?", fragte Timo.

„Wart's mal ab. Du kommst auch noch drauf, Timo Spürnase", antwortete Opa Hans geheimnisvoll.

Er ging schnell in ein Kaufhaus, verriet aber nicht, was er dort wollte.

Im Stadtpark angekommen, fing Timo sofort an, mit Bubi herumzutollen. Opa Hans ging unterdessen zu einem Gebüsch. Nach kurzer Zeit kam er mit einem Stock in der Hand wieder, an dem er herumschnitzte. Opa Hans hatte stets ein Taschenmesser dabei. „Für alle Fälle",
sagte er immer.

„Was machst du da?", fragte ihn Timo.

„Eine Zwille. Jetzt sag bloß, du hast noch nie mit einer Zwille geschossen?" Opa Hans griff in seine Tasche und holte ein Päckchen Gummiband heraus.

„Hier, das habe ich gekauft. So etwas braucht man für eine Zwille."

Er schnitt ein Stück Gummiband ab und knotete es an den Enden der Astgabel fest.

„Damit haben wir als Jungs Tannen-zapfen vom Baum geschossen", erklärte Opa Hans und zwinkerte Timo zu.

Timo wurde ganz aufgeregt.

„Du meinst, damit wurden die Kugeln vom Weihnachtsbaum zerschossen? Ja, klar! Mit solchen Dingern haben neulich ein paar Jungen hinter dem Sportplatz herumgespielt. Der Fred aus unserer Schule war auch dabei, der geht in die Neunte."

Opa Hans nickte: „Also, Timo Meisterdetektiv, das solltest du der Polizei erzählen. Kinderstreich hin oder her, wer etwas anstellt, muss für den Schaden bezahlen."

Suche ein anderes Wort für einen Detektiv. Kleiner Tipp: Opa Hans nennt Timo einmal so.

Trage das Wort im Kreuzworträtsel bei Nummer 5 ein.

Das gestohlene Geschenk

„Elf Euro, zwölf … fünfzehn Euro."

Laura zählte das Geld auf dem Tisch vor ihr. Sie schob die Münzen zu einem kleinen Haufen zusammen und steckte das restliche Geld zurück in das Sparschwein. Dann lief sie zu ihrem Vater, der im Wohnzimmer saß und las.

„Papa, ich hab die fünfzehn Euro zusammen. Jetzt können wir das Weihnachtsgeschenk für Mama kaufen."

Ihr Vater blickte von seiner Zeitschrift auf.

„Und wie viel muss ich noch dazulegen?"

„65 Euro. Ich war gestern in dem Laden und habe gefragt. Aber Papa, das ist wirklich eine schöne Kette. Und Mama ist ganz verliebt in sie. Jedes Mal wenn sie in der Stadt ist, bleibt sie an dem Schaufenster stehen."

Papa lächelte.

„Na, dann kann ich ja wohl nicht 'nein' sagen."

Am nächsten Tag erlebten sie eine böse Überraschung, als sie zu dem kleinen Antiquitätenladen in der Altstadt gingen.

Dort hatte Lauras Mutter die goldene Kette mit dem Anhänger in Form einer geschwungenen Blüte entdeckt.

„Tut mir sehr leid", bedauerte der Verkäufer, „aber die Kette ist nicht mehr da. Sie ist gestern gestohlen worden. Gleich nachdem du nach dem Preis gefragt hattest, kam eine Frau herein und ließ sich alles Mögliche zeigen. Dann bin ich kurz ans Telefon gegangen. In der Zeit muss die Frau die Kette und noch anderen Schmuck gestohlen haben, denn als ich auflegte, war sie weg. Dass die Sachen fehlen, habe ich aber erst etwas später bemerkt."

Laura konnte sich an die Frau erinnern.
Sie war vor der Tür über deren Regen-
schirm gestolpert und die Frau hatte sie
deswegen angeschnauzt.

Laura war zum Heulen zumute. Sie hatte
sich schon ausgemalt, wie Mama sich
freuen würde, wenn sie am Weihnachts-
abend ihr Päckchen öffnete.

„Da kann man nichts machen",
versuchte Papa sie zu trösten. „Dann
müssen wir etwas anderes für Mama
finden. Du kannst dich ja noch ein wenig
umschauen, ich muss noch etwas
erledigen. Wir treffen uns in einer Stunde
am Auto."

Traurig lief Laura durch die Fußgängerzone. So einen schönen Anhänger würde
sie nie wieder finden. Sie stand vor einem
Schmuckgeschäft und starrte in die
Auslage, als neben ihr ein Mann mit einem
großen Hut und einer dicken schwarzen
Brille aus dem Laden trat und sich an
einem jungen Pärchen vorbeidrängte.

„Können Sie nicht aufpassen?", herrschte
er die beiden an und ging rasch weiter.

Laura zuckte zusammen. Diese Stimme
kannte sie doch! Es war die Stimme von
der Frau aus dem Antiquitätenladen. Aber
wieso hatte ein Mann die gleiche Stimme?

Irgendetwas stimmte hier nicht. Neugierig lief sie dem Mann hinterher. Als sie seine Schuhe sah, war sie sich sicher: Dieser Mann war die Diebin. Laura hatte sich schon gestern über die großen Füße der Frau gewundert. Auch das eigenartige Muster an der Seite der Stiefel erkannte sie wieder. Ein Mann, der als Frau verkleidet Ketten klaute – das war ja wie im Krimi!

Der Mann bog von der Fußgängerzone in eine Seitengasse ab und kam gleich darauf ohne Hut und Brille wieder heraus.

Er musste seine Verkleidung in einen
Mülleimer geworfen haben. Laura
verfolgte den Mann weiter, aber sie wusste
nicht so recht, was sie tun sollte. Wenn
doch jetzt Papa da gewesen wäre!

Der Dieb schien sich völlig sicher zu
fühlen, denn er ging in aller Ruhe zu einer
Bude auf dem Weihnachtsmarkt und
bestellte sich einen Glühwein.

Laura versteckte sich hinter einer
wunderschönen Kutsche. Drinnen saß ein
Weihnachtsmann, mit dem sich Kinder

fotografieren ließen. Ein Mann machte Fotos, die er gleich ausdruckte. Das war die Lösung!

„Entschuldigen Sie, könnten Sie für mich ein paar Fotos machen?", fragte Laura.

„Klar, immer rein in die Kutsche, kleines Fräulein! Für zwei Euro gibt es das Foto als Postkarte", antwortete der Fotograf.

„Nein, nein. Könnten Sie den Mann dahinten am Glühweinstand mit dem dunklen Mantel fotografieren?", fragte Laura ungeduldig.

„Wieso, ist das der heilige Sankt Martin?", fragte der Mann grinsend.

Laura lachte und dann erzählte sie dem Fotografen von ihrem Verdacht. Erst wollte er ihr nicht glauben, aber dann ließ er sich von ihrem Eifer anstecken. Heimlich schoss er mehrere Fotos von dem Mann.

Laura durfte sie gleich mitnehmen und musste nicht einen Euro bezahlen.

Atemlos kam sie wenig später am Parkplatz an und ging mit ihrem Vater zum Antiquitätenladen. Der Besitzer alarmierte sofort die Polizei, als er Lauras Geschichte hörte. Dank der Fotos konnte der Dieb schon am selben Abend festgenommen werden. Er war ein gesuchter Betrüger und hatte sogar noch seine Beute aus dem letzten Diebstahl in der Tasche.

Heiligabend klingelte ein Bote an der Tür und überreichte Laura ein Päckchen.

„Als Dankeschön für ein schlaues, tapferes Mädchen und für ihre Mutter", stand auf dem beigelegten Kärtchen.

Laura strahlte. Sie musste das Päckchen nicht aufmachen, um zu wissen, was darin war. Schnell legte sie es unter den Weihnachtsbaum. Jetzt konnte sie die Bescherung kaum noch erwarten.

Woran erkennt Laura den Dieb zuerst?

Trage das Wort im Kreuzwort-rätsel bei Nummer 6 ein.

Heike Schwandt wurde 1961 in Hanau geboren und lebt mit ihrem Mann Björn, ihrer Tochter Leonie und vier Katzen in dem romantischen Ort Thurnau in Oberfranken. Sie arbeitete als Geoökologin und ist Journalistin. Schon in ihrer Jugend schrieb sie in ihrer Freizeit Kurzgeschichten. Sie verfasst Theaterstücke sowie Texte für Kinder und Erwachsene – mit Vorliebe Krimigeschichten!

Wilfried Gebhard ist in Crailsheim geboren und in Stuttgart aufgewachsen. Nach dem Grafikstudium an der Grafischen Fachschule und der Staatlichen Akademie der bildenden Künste in Stuttgart arbeitete er zunächst in der Werbung. Später kam er zum Cartoon und zur Illustration. Neben zahlreichen Veröffentlichungen in Magazinen und Zeitschriften, Cartoon- und Kinderbuchverlagen entstanden Arbeiten fürs Kinderfernsehen.

Knacke das Rätsel!

Sammle von Geschichte zu Geschichte die Antworten zu den Fragen und trage sie hier ins Kreuzworträtsel ein. Das Lösungswort verrät dir, was alle Detektive suchen, um einen Fall zu lösen.

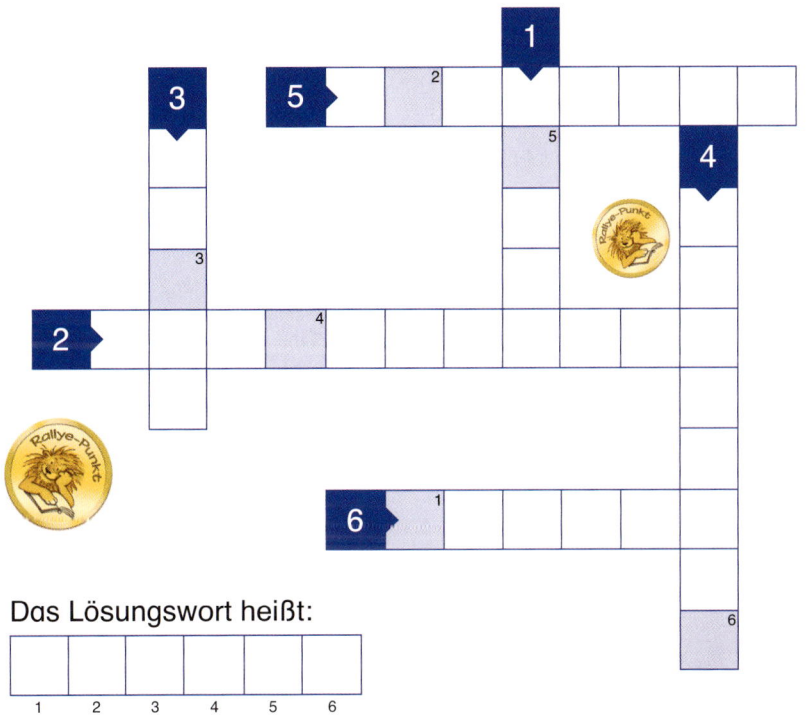

Das Lösungswort heißt:

1	2	3	4	5	6

Lesen, rätseln, Punkte sammeln!

Schau einfach mal rein unter www.leseleiter.de: Dort kannst du mit den Lösungswörtern aus den Lese-Rallye-Büchern wertvolle Punkte sammeln und sie gegen tolle Leseleiter-Prämien eintauschen. Viel Spaß!